Traudel Hartel

DECORACIÓN DE MESAS

alegres y originales

EVEREST

Traudel Hartel trabaja en pedagogía de museos en el Museo de Artes Aplicadas de Frankfurt/Main. Ha publicado con éxito muchos libros en el ámbito de la creatividad, especialmente en la creación con papel, y ha recibido numerosos premios por su trabajo.

PRÓLOGO

Originales ideas para la mesa

A lo largo del año existen muchas ocasiones en las que celebrar algo con la familia o los amigos. En estas ocasiones, la mesa, adornada para la fiesta, constituye el punto central de la reunión. Una mesa bien decorada es lo más adecuado para una comida de fiesta ya que, como se suele decir: también se come con los ojos. Una decoración apropiada expresa el aprecio del anfitrión por sus invitados y les transmite la impresión de ser bien recibidos.

Con este libro quiero darles ideas originales para decorar la mesa a lo largo del año: ideas para la mesa de Pascua, para fiestas informales y alegres en primavera o en verano, para un bautizo, para una cata de vinos en otoño o para la comida de Navidad. Cartas de menú y tarjetas de mesa hechas con cariño, servilletas dobladas con estilo, preciosas velas de mesa, inusuales adornos florales..., todo ello contribuye a crear el ambiente perfecto para cualquier fiesta. En cada caso se muestra únicamente un fragmento de la mesa, que usted puede ampliar, dependiendo del número de invitados. Todas las propuestas pueden realizarse fácilmente y sin necesidad de un gran desembolso.

Les deseo lo mejor en su mesa y en su fiesta.

Cordialmente,

Traudel Hartel

UNA MESA BIEN DECORADA

Una decoración de mesa bien lograda se consigue conjuntando la mantelería, la vajilla, la cubertería y la cristalería y deben armonizar con los elementos decorativos como velas, centros de mesa, los lazos, así como las cartas de menú y las tarjetas de mesa.

Mantelerías: se pueden comprar manteles de tela de muchos tamaños, colores y diseños, pero también se pueden hacer fácilmente en casa. Para ello, son apropiadas las telas estampadas compradas por metros. Para calcular el tamaño hay que contar con que el mantel debe colgar de 25 a 30 cm en todos los lados de la mesa. Un volante transparente de gasa o de organdí puesto sobre la mesa aporta un aspecto festivo. Los caminos de mesa de algodón estampado se venden a juego con las servilletas.

Servilletas: elegir las servilletas a juego con el mantel. Pueden ser de tela, de papel o de celulosa. En las ocasiones festivas deben utilizarse servilletas de tela, que pueden doblarse artísticamente junto con las servilletas de papel. El tamaño habitual de las servilletas de tela es de 40 x 40 cm y las servilletas de papel tienen una medida de 33 x 33 cm.

Vajilla: la elección de la vajilla depende, en primer lugar, del gusto personal de cada uno. La vajilla blanca es muy apropiada, es intemporal y se puede combinar muy bien.

Cristalería: se puede decir que casi existe un vaso para cada bebida. En la mayoría de los casos, sin embargo, es suficiente con poner copas de agua, de vino tinto y de vino blanco. Es poco usual la utilización de un vaso único para agua, zumo, vino o cerveza.

Cubertería: el cubierto más sencillo consta de tenedor, cuchillo, cuchara, cucharilla y tenedor de postre. Esto se puede ampliar dependiendo del menú, añadiendo, por ejemplo, cubierto para entremeses, cubierto de pescado y otros.

Disposición: por persona se necesita un cubierto completo, es decir, plato, vasos o copas, cubiertos y una servilleta. Los cubiertos se disponen en el orden del menú correspondiente, de fuera hacia dentro, junto al plato. El cuchillo y la cuchara de sopa se sitúan a la derecha, el tenedor a la izquierda, teniendo en cuenta que la sierra del cuchillo debe mirar siempre hacia el plato. Las copas están a la derecha, encima del cuchillo. La servilleta se coloca sobre el plato.

Flores: son imprescindibles en cualquier mesa de fiesta, bien en forma de ramo o como flores sueltas. Sin embargo, hay que tener en cuenta siempre que debe quedar suficiente espacio para servir la comida y que no deben utilizarse plantas venenosas.

Velas: las velas en todas sus variantes crean con su suave y cálida luz un ambiente especial. Aquí también es válida la norma de dejar suficiente espacio para la comida.

TÉCNICAS

Técnica de servilletas sencillas

Recortar ampliamente el motivo de la servilleta. Utilizar solamente la capa superior impresa y retirar las capas inferiores. Pegar en una cartulina doble cinta adhesiva (o cinta adhesiva de doble cara), retirar la lámina protectora y extender, a ser posible sin arrugas, el fino papel de la servilleta. De esta manera, se estabilizan los motivos y ya no se pueden romper. Recortar después el motivo siguiendo el contorno con precisión.

Técnica de servilletas con cola para servilletas y porcelana

Recortar, siguiendo el contorno, el motivo de la servilleta y separar la capa superior impresa. Dar al plato una capa de cola para servilletas y porcelana y pegar el motivo sin arrugas. Dar ahora otra capa de cola para cubrir de nuevo. Presionar bien los bordes y dejar secar durante 4 horas. Meter en el horno a una temperatura de 130 ºC durante 90 minutos (sin precalentar el horno) y dejar que se enfríe dentro del horno.

Pintura en porcelana

Limpiar bien los platos antes de pintar, para que no queden restos de grasa. Aplicar la pintura de porcelana con un pincel y dejarla secar unas 4 horas. Meter la pieza pintada en el horno a 170 ºC durante 90 minutos. La pintura se puede combinar bien con la cola para servilletas y porcelana.

Estarcido

Impregnar la plantilla de plástico por la parte de atrás con un poco de fijador en spray. Dejarlo secar un poco, ponerla sobre la porcelana o sobre la tela y presionar ligeramente. Para trabajos de gran tamaño, fijar las plantillas también con cinta adhesiva de tela. Con un pincel y un poco de pintura, pintar los huecos de la plantilla dando pequeños toquecitos. Dejar secar bien.

Tarjetas

La mayoría de las tarjetas tienen el tamaño estándar de una postal. El corte de papel para una tarjeta plegada normal DIN A6 es de 15 x 21 cm y, en formato apaisado, de 10,5 x 30 cm. Para ocasiones especiales es muy apropiado el formato vertical. El corte para estas tarjetas es de 21 x 21 centímetros. Con una regla y una plegadora, doblar el papel por la mitad y presionar la línea de doblez, de manera que quede un canto limpio. La tarjeta se completa con una separata.

Tarjetas con borde irregular (o borde al agua)

Con una regla y un utensilio firme o una plegadora, marcar, en la parte de atrás del papel, el tamaño de tarjeta deseado. Repasar varias veces las líneas marcadas con un pincel mojado. Cortar ahora por las líneas mojadas, utilizando las dos manos y haciendo un poco de presión. Dejar que los bordes se sequen bien antes de continuar trabajando.

MATERIALES

- Paño de cocina blanco
- Vasos de agua
- Coronitas de decoración azules
- Nidos de ramas de vid
- Jacinto enano
- Flores de tela blancas
- Plumas blancas
- Pelo decorativo blanco
- Cinta de seda blanca, 3 mm Ø
- Servilletas de papel azules
- Cartulina azul, impresa (Primavera)
- Cartulina blanca
- Color de tela en azul
- Pincel
- Plantilla "cubiertos"
- Spray de fijación
- Corchete de metal

MODELO 1, *página 56*

INSTRUCCIONES DE DOBLADO A, *página 61*

SUGERENCIA

Los corchetes se venden por paquetes en el departamento de costura de los grandes almacenes y no son caros.

Mesa de Pascua

Para las invitaciones, recortar, siguiendo el modelo 1, una tarjeta en forma de huevo de cartulina azul, dos separatas blancas y las tiras con los textos "Invitación" y "Brunch de Pascua". Poner las tiras juntas. Con el taladro, hacer un agujero en el borde izquierdo, perforando todas las capas, introducir un corchete de metal y apretarlo con la tenaza. Adornar la carta con un lazo blanco y plumas.

Para el mantel individual, cortar el paño de cocina por la mitad y coser el borde cortado. Imprimir los cubiertos con la plantilla y pintura azul (instrucciones en la página 5, Estarcido). Para fijar el color, planchar el paño por la parte posterior.

Doblar la servilleta siguiendo las instrucciones A de la página 61. Adornar la parte delantera con plumas blancas y con una flor.

Para el adorno floral, colocar un poco de musgo y de pelo decorativo en un vaso de agua. Sacar el jacinto enano de la maceta, quitarle la tierra y colocarlo en el vaso con un poco de agua.

Llenar el nido pequeño con musgo y plumas y disponer los huevos dentro. Para el nido grande, pegar flores secas en un huevo de ganso y colocarlo en el nido, rodearlo con un poco de pelo decorativo y decorarlo con una guirnalda de bayas.

- Mantelería amarilla
- Camino de mesa verde con tubos de plástico transparentes cosidos
- Tubos de ensayo de vidrio
- Platos blancos
- Cestitas amarillas de fibra de vidrio, en forma de huevo
- Cinta de seda blanca, 5 mm de ancho
- Plumas blancas
- Huevos de decoración amarillos, punteados 1 cm Ø
- Siluetas de madera "huevo", amarillas
- Tarjeta plegada amarilla
- Cartulina verde
- Servilletas de papel amarillas
- Tulipanes amarillos
- Margaritas
- Berros de jardín
- Pintura para porcelana, amarilla, verde
- Pincel
- Crespón adhesivo

MODELOS 2, 3, *página 56*

Colores de primavera

Para la **tarjeta de invitación**, pegar una tira de cartulina verde, 5 x 5 cm, en la tarjeta amarilla. Después, colocar un pequeño huevo de madera con una pluma blanca debajo. Recortar una cáscara de huevo de cartón blanco (modelo 2) y pegarla. Enmarcar el cuadrado verde con el texto "invitación". Cerrar la tarjeta con una cinta blanca de seda.

El **camino de mesa** se puede comprar hecho o, también se puede hacer en casa siguiendo el croquis (modelo 3). Introducir flores frescas en los tubos de ensayo y meterlos en los tubos de plástico del mantel.

Pintar **los platos** con pintura para porcelana siguiendo las instrucciones de la página 5: pegar una tira de crespón adhesivo en el centro del plato como línea de delimitación. Con un pincel y pintura para porcelana, pintar briznas de hierba de diferentes alturas y dejar que se sequen. Retirar la tira adhesiva y meter los platos en el horno.

Doblar **la servilleta** en forma de cono, meter los cubiertos y atar con una hoja estrecha alargada o con hierba.

Llenar las **cestitas de fibra de vidrio** con berros frescos, y decorarlas con huevos punteados, plumas blancas y margaritas. Instrucciones para **velas** y **huevera** en la página 10.

- Cartulina amarilla
- Cartulinas blanca y verde
- Siluetas de madera en forma de huevo
- Pluma blanca
- Flores troqueladas de papel
- Cinta de seda blanca, 5 mm de ancho
- Vela amarilla en forma de huevo
- Vaso de agua
- Musgo
- Rama con flores, artificial
- Pelo decorativo blanco
- Cebolletas pequeñas
- Musgo
- Alambre de floristería

MODELO 4, página 56

Confeccionar una tarjeta plegada de la cartulina amarilla para la tarjeta de invitación carta de menú (instrucciones en la página 5). Recortar cinco cuadritos de la cartulina verde y de la blanca, cada uno de 2,5 x 2,5 cm y pegarlos en la tarjeta como muestra la fotografía. Colocar un huevo de madera en cada uno de los cuatro cuadraditos y en el cuadradito de abajo pegar, junto con dos flores, el texto "menú" (modelo 4). Adornar la tarjeta con una pluma blanca y una cinta de seda.

Para la vela, poner la rama de flores artificiales y el pelo decorativo alrededor de la base de un vaso de agua sencillo. Meter un poco de musgo en el vaso y colocar encima la vela amarilla. Decorar con margaritas.

Para las hueveras, ensartar las cebolletas en un trozo de alambre. Formar un círculo y atar, uno con otro, los extremos del alambre. Colocar musgo en el centro del aro y colocar un huevo.

- Mantelería de color amarillo pastel
- Viso blanco, transparente
- Planta verde en forma de corazón
- Soporte para velas
- Corazones de cerámica beige, unos 8 cm Ø
- Pelo decorativo blanco
- Siluetas de corazones de madera rojos
- Fieltro rojo
- Servilletas con corazones
- Cartulina beige
- Papel transparente "Primavera"
- Cordón de papel blanco
- Cinta de papel japonés, rizada, 10 cm de ancho
- Cinta de decoración roja, 2,5 cm de ancho
- Alambre de aluminio dorado, 3mm Ø

MODELOS 5–8, páginas 56–57

Corazones rojos

Confeccionar una **invitación** siguiendo las instrucciones de la página 5. Cortar, de la parte delantera de la tarjeta, una tira de 4 cm de ancho en sentido longitudinal y utilizar una tira de papel transparente como separata. Cortar el corazón de la servilleta, llevarlo a la cartulina utilizando doble lámina adhesiva y recortarla siguiendo exactamente el contorno (instrucciones en la página 5). O hacer un corazón siguiendo el modelo 5. Formar una espiral con alambre de aluminio (modelo 5), fijarla en la tarjeta y meter el corazón en la espiral. Añadir texto.

Para el **mantel** individual, copiar el modelo 6 en el tamaño correspondiente, pasarlo a fieltro rojo y recortarlo. Decorar el corazón de cerámica con un lazo rojo y colocarlo en el plato junto con una servilleta de corazón.

Colocar la maceta con la **planta en forma de corazón** en una bolsa de plástico, envolverla con una tira del algodón del viso del mantel y sujetarla con un cordel blanco. Cortar rosas frescas de diferentes tamaños y colocarlas en la tierra húmeda de la maceta, poner también los soportes para vela con una vela de té roja en cada uno. Decorarlo con un lazo grande de papel japonés rojo.

Para la **carta del menú**, recortar la cartulina, 15 x 21 cm, y, siguiendo la fotografía, plegarla 5 cm en cada lado y doblar hacia dentro. Recortar ambos lados con las tijeras de ondas. Colocar en la tarjeta una separata de papel transparente. Confeccionar los corazones (modelo 89) y la espiral igual que para la Invitación y decorar con ellos la tarjeta. Añadir el texto "Menú".

- Mantel de lino estampado con nombres de hierbas
- Diferentes hierbas en tiestitos
- Ensaladera de plástico
- Servilletas de papel verdes
- Servilletas "Hierbas"
- Papel hecho a mano
- Cartulinas verde y amarilla
- Papel de seda amarillo
- Limones
- Hojas frescas
- Coronita de musgo
- Rafia
- Velas de té
- Alambre de floristería
- Rotulador brillante blanco
- Corchetes
- Palitos de madera

MODELO 9, *página 57*

Hierbas frescas

Confeccionar la tarjeta de invitación de cartulina verde (instrucciones en la página 5). Pegar, en la parte delantera de la tarjeta, una tira de papel japonés amarillo de 6 cm de ancho, y una tira de papel blanco de 4,5 cm de ancho. Trabajar el motivo de la servilleta siguiendo la técnica sencilla de servilletas (instrucciones en la página 5) y colocarlo en la tarjeta. Pasar un hilo de rafia por la tarjeta con una aguja y luego atar con él una ramita de romero. Completar con el texto (modelo 9).

Para el centro de hierbas, cubrir una ensaladera grande de plástico con papel japonés amarillo y atarlo con rafia. Disponer diferentes tiestitos de hierbas, albahaca, romero, perejil y tomillo en la ensaladera. Para las "velas de limón", cortar el tercio superior de un limón, vaciar el limón y colocar la vela de té en su interior. Meter un palito de madera en la parte de abajo del limón y adornarlo con un lazo de rafia. Poner los limones en la ensaladera, a diferentes alturas, entre las hierbas aromáticas o ponerlos, sin palito, como velas de mesa sobre coronitas de musgo.

Para la tarjeta de mesa, escribir los nombres de los invitados, con el rotulador brillante en una hoja de limón o, si se prefiere, en otra hoja verde. Colocar un corchete en la hoja (ver las instrucciones para tarjetas de invitación en la página 6). Atar los cubiertos, junto con la servilleta con un hilo de rafia y enganchar la hoja con el texto como tarjeta de mesa. Complementar con una ramita de romero.

Para la carta del menú enrollada, escribir los platos del menú en un folio de papel hecho a mano y enrollarlo. Colocar una tira desgarrada de papel japonés alrededor del rollo y colocar encima, para fijar, una coronita de musgo. Preparar la hoja verde como se ha explicado arriba y fijarla junto con una ramita de romero.

Bautizo

MATERIALES

- Mantelería blanca
- Caminos de mesa de papel japonés lila
- Servilletas de tela blancas
- Servilletas de papel
- Papel natural "Flores" lila, impreso
- Cartulinas blanca y lila
- Crisantemos blancos
- Arena de decoración
- Copas de cava
- Encuadernadores

INSTRUCCIONES DE DOBLADO B, *página 61*

INSTRUCCIONES, *página 18*

Invitación para el bautizo

- Cartulina lila
- Papel natural "flores" en color lila, impreso
- Cartulina blanca
- Cinta de seda blanca, 5 mm de ancho
- Cinta de seda blanca, 1,5 cm de ancho
- Tul blanco
- Encuadernadores
- Lacasitos o peladillas
- Rotulador brillante de color plata
- Botellita de cristal
- Arena de decoración
- Crisantemos blancos

MODELOS 4, 10,
páginas 56, 58–59

Para la invitación, confeccionar una tarjeta de cartulina lila siguiendo las instrucciones de la página 10 y doblarla por las líneas marcadas. Incluir una separata de cartulina blanca de 10 x 13,8 cm. Cortar una flor de papel impreso y fijarla en la tarjeta junto con el texto: para ello, clavar el encuadernador a través de todas las capas de la tarjeta y abrirlo en la parte de atrás.

Recortar la carta de menú de cartulina lila (20 x 20 cm). Doblar hacia dentro 5 cm de la derecha y de la izquierda. Recortar dos flores del papel impreso y fijarlas con encuadernadores en el centro de ambas solapas. Decorar con una cinta de seda estrecha. Añadir la inscripción (modelo 4).

Para los saquitos con las tarjetas de mesa, cortar el tul en trozos de 20 x 20 cm. Colocar en el centro un puñado de lacasitos o de peladillas y levantar la tela por todos los lados, de manera que se forme un saquito. Cerrarlo con la cinta de seda y decorarlo con una flor. Escribir los nombres en la cinta con el rotulador plateado.

Para el centro de flores llenar copas de cava (modelo tulipa) o botellas pequeñas de arena blanca hasta la mitad, humedecerla ligeramente e introducir los crisantemos.

Para la tarjeta con una flor (fotografía en las páginas 16/17), confeccionar una tarjeta con el papel impreso (instrucciones en la página 5). Poner en la tarjeta, como se ve en la fotografía, cartulina blanca (6 x 6 cm) y papel lila (5,5 x 5,5 cm). Añadir una flor de papel impreso, sujetándola con un encuadernador.

Siguiendo las instrucciones B de la página 61, doblar una servilleta de tela blanca con una servilleta de papel de color lila (fotografía en las páginas 16/17).

- Mantelería con estampado de flores o rosas
- Tela de gasa roja
- Servilletas de papel rojo oscuro, 40 x 40 cm
- Servilletas de papel con rosas, 33 x 33 cm
- Cirio rojo oscuro
- Jarrón de cristal
- Ramo de rosas con paniculata
- Guirnalda de hojas de hiedra
- Pétalo de rosas prensado
- Pétalos de rosas sueltos
- Cartulinas rojo oscuro y crema
- Papel de flores impreso y transparente
- Cinta de organdí blanca, bordada, 5 cm de ancho
- Cinta de seda de color crema, 3 mm de ancho

MODELO 11, *páginas 58–59*

INSTRUCCIONES
DE DOBLADO C, *página 62*

Sueño de rosas

Para la **invitación**, confeccionar una tarjeta plegada de papel transparente (instrucciones en la página 5). Incluir en la tarjeta una separata de cartulina blanca de 10 x 13,8 cm. Pegar en la parte delantera una hoja verde y un pétalo de rosa. Cerrar la carta con una cinta de seda y decorarla con una flor cortada.

Para la **carta de menú**, recortar una tarjeta de cartulina rojo oscuro siguiendo el modelo 11. Recortar una rosa del papel de flores y ponerla sobre la tarjeta. Confeccionar una tarjeta de cartulina de color crema (10,5 x 14,5 cm), escribirla e introducirla en la tarjeta roja. Cerrar con una cinta de seda.

Doblar las **servilletas** siguiendo las instrucciones C de la página 62. El abanico está formado por dos servilletas.

Para la **vela de mesa** decorar la vela con una cinta de organdí de 5 cm de ancho y sujetarla con una guirnalda de hiedra. Introducir en el vaso flores de paniculata y poner encima la vela.

- Servilletas y platos de papel
- Servilletas de papel de color lila
- Ramita de flores artificiales
- Rama de hiedra
- Cartulina de color crema
- Cordón de papel rojo oscuro
- Copas de cava
- Rotulador brillante plateado

Fiesta en la cocina

Utilizar la servilleta lila como **mantel individual**. Decorar la mesa con una ramita de flores artificiales y una rama de hiedra fresca.

Envolver los cubiertos en la **servilleta** y atarla con un cordón de papel. Abrir la servilleta de flores, sujetarla por el centro, sacudirla ligeramente y ponerla, como si fuera una flor, en la copa de cava. Si es necesario, separar las puntas.

Para el **vale de regalo**, escribir en una hoja de papel DIN A4, enrollarla y cerrarla con un cordón de papel. Abrir un poco los extremos del cordón. Escribir el nombre con el rotulador plateado en la hoja de hiedra y colocarlo sobre el vale de regalo.

- Servilletas verde oliva, 40 x 40 cm
- Servilletas con margaritas, 33 x 33 cm
- Tarjetas de mesa con encaje, recorte en verde oliva
- Tarjetas plegadas con encaje, recorte en verde oliva
- Cartulina amarilla
- Margaritas de papel
- Lazo de raso blanco, 5 mm de ancho
- Florero de cristal estrecho
- Portavelas de cristal para velas de té
- Velas de té amarillas
- Margaritas frescas
- Colorante para agua de flores
- Rotulador brillante blanco

MODELO 12, *página 57*

INSTRUCCIONES
DE DOBLADO D, *página 62*

SUGERENCIA

Las margaritas troqueladas resultan mucho más bonitas si se les da volumen curvando los pétalos con la plegadora o con unas tijeras.

Margaritas bonitas

Para la tarjeta de invitación y el menú, comprar tarjetas plegadas ya hechas y pegar por detrás la cartulina amarilla. Pegar el texto "Menú" o, en su caso, el texto "Invitación" (modelo 12). Decorar la tarjeta con margaritas de papel y un lazo de raso.

Adornar la tarjeta de mesa, ya comprada y lista, con una margarita de papel y añadir el nombre con el rotulador blanco.

Doblar las servilletas según las instrucciones de doblado D de la página 62 y meter la tarjeta de mesa dentro.

Para el adorno floral, teñir de amarillo el agua de los recipientes y meter una margarita cortada. Poner velas de té amarillas en los portavelas de cristal.

- Tela "Provenza" en azul-verde
- Servilletas de papel de color azul y verde
- Cordón de papel verde
- Cartulinas verde y azul
- Cartulina blanca
- Lazo de raso azul, 5 mm de ancho
- Cinta adhesiva de doble cara

MODELO 13, *página 57*

Estilo provenzal

Confeccionar con la tela un mantel, del tamaño adecuado para la mesa. Recordar que alrededor de la mesa la tela debe colgar de 25 a 30 cm.

Para la tarjeta de invitación, confeccionar una tarjeta plegada de cartulina verde (instrucciones en la página 5). Pegar con la cinta adhesiva un poco de tela del mantel en una cartulina y recortar un rectángulo de 5 x 7 cm. Pegar el rectángulo junto con otro rectángulo de cartulina (5,5 x 6 x 5 cm) en la tarjeta, tal como muestra la fotografía. Añadir el texto "Invitación" (modelo 13) y lazo de raso.

Para la carta de menú, confeccionar una tarjeta plegada de cartulina azul (instrucciones en la página 5). Recortar, del lado derecho de la parte delantera de la tarjeta, una tira de unos 4 cm, en sentido vertical y haciendo ondas. Recortar un trozo de la cartulina forrada de tela y pegarlo sobre la tarjeta, como se muestra en la fotografía. Añadir la palabra "Menú". Introducir la separata de cartulina verde y decorar con lazo de raso.

Para la tarjeta de mesa, doblar por la mitad una cartulina verde de 7,5 x 11 cm. Recortar una tirita de 3 x 5 cm de cartulina forrada de tela, pegarla a un lado de la tarjeta y decorarla con un lacito.

Poner una encima de otra, dos servilletas cuadradas dobladas, teniendo en cuenta que la más pequeña quede debajo. Enrollar ambas servilletas formando un cucurucho y atarlas con un cordón de papel. Los extremos del cordón se pueden retorcer o anudar. Como decoración, añadir una ramita de romero.

- Mantel
- Servilletas con estampado geométrico
- Papel de seda amarillo, naranja y lila
- Cordón de papel naranja, rosa y rojo
- Claveles de color amarillo claro
- Botellas pequeñas de vino o de agua
- Cartulinas granate, roja y naranja
- Taladro "redondel" grande y pequeño
- Rotulador brillante blanco

Estilo años 70

Para la **tarjeta de invitación** confeccionar una tarjeta plegada de papel granate (instrucciones en la página 5). Recortar, del borde derecho de la parte delantera de la tarjeta, una tira de unos 4 cm de ancho, en sentido vertical, y poner, debajo, cartulina naranja con una tirita de papel granate pegada. Hacer con el taladro unos cuantos círculos grandes y pequeños de los papeles de colores y pegarlos en la tarjeta.

Recortar un trozo de papel granate de 7 x 10 cm y doblarlo por la mitad para hacer la **tarjeta de mesa**. Hacer los círculos de papel con el taladro y pegarlos en el borde de la tarjeta. Escribir la tarjeta con el rotulador brillante.

Formar un cucurucho con la **servilleta**, atarlo con el cordón de papel y decorarlo con un clavel.

Para el **adorno floral**, envolver las botellas con papel de seda de diferentes colores. Enrollar un cordón de papel alrededor de cada una y atarlo con un nudo doble. Se puede sustituir el papel de seda por servilletas sin estampado. Poner un clavel en cada botella.

Mesa marinera

- Servilletas "concha"
- Tarjeta plegada blanca
- Velas en forma de concha
- Recipientes de vidrio (de conservas o mermeladas)
- Arena
- Restos que se encuentran en la playa
- Conchas de Santiago
- Marco, DIN A5
- Retales de tela azul y blanca a rayas
- Rafia
- Rotulador brillante en azul y en oro
- Cola caliente

INSTRUCCIONES, página 32

Menú
Ensalada de frutos
del mar
Bullabesa
Dorada a la naranja
Sorbete de limón

- *Servilletas de tela lila*
- *Flores de orquídea*

INSTRUCCIONES
DE DOBLADO E, *página 63*

Sencillo y elegante

Completar la servilleta según las instrucciones de doblado E (página 63). Decorar con una orquídea fresca.

Mesa marinera
Fotografía y materiales, páginas 30/31

Para la **tarjeta de invitación**, recortar una tira de la servilleta de conchas, colocarla en la tarjeta plegada con ayuda de la técnica para servilletas sencilla (instrucciones en la página 5). Decorar la tarjeta con cosas de la playa y rafia.

Para la **carta de menú**, cubrir el marco con la tela a rayas y pegar después, con cola caliente, conchas, arena y un lazo de rafia. Escribir el menú con el rotulador brillante dentro del paspartú.

Como **tarjetas de mesa**, utilizar las conchas de Santiago, escribiendo en ellas los nombres con el rotulador azul.

Desdoblar dos **servilletas** de conchas y atarlas por el medio con la rafia.

Para la **vela de mesa**, rellenar un recipiente de vidrio con arena, colocar dentro la vela en forma de concha y anudar unos hilos de rafia en el borde.

Carta de vinos

- Tablas de madera de 25 x 25 cm cada una
- Rafia
- Hojas de vid
- Rama de vid
- Teja
- Cartulina beige
- Flor globo (flor de physalis)
- Nueces
- Rotulador brillante azul

MODELO 14, página 57

INSTRUCCIONES, página 36

MATERIALES

- *Recipiente de cristal (para conservas)*
- *Piedras de decoración, naranjas*
- *Cirio*
- *Velas en forma de hoja*
- *Rafia*
- *Hojas de vid*
- *Cuentas*
- *Rama de vid*
- *Tarjeta plegada de papel hecho a mano*
- *Servilletas "hojas de vid"*
- *Bolsita de organdí*
- *Cola para servilletas*
- *Cola caliente*

MODELO 15, *página 59*

Para la **tarjeta de invitación**, confeccionar una tarjeta plegada de papel hecho a mano con los bordes irregulares (instrucciones en la página 5). Pegar en la tarjeta, con cola caliente, la hoja de vid y el lazo de rafia, así como el alambre dorado con cuentas y zarcillos ensartados. Añadir la inscripción "Invitación" (modelo 15).

Para la **vela de mesa**, llenar aproximadamente un tercio del recipiente de cristal con piedrecitas decorativas y poner encima la vela. Decorar el recipiente con rafia, hojas de vid y cuentas.

Para la **bolsa de organdí**, recortar las hojas de vid de una servilleta y utilizar únicamente la primera capa impresa. Aplicar cola para servilletas en la bolsita, poner las hojas recortadas, presionar y dar de nuevo varias capas de cola para servilletas. Poner el regalo en la bolsita. Decorar el cierre con una hoja de vid y unas cuentas. Añadir la inscripción (modelo 15).

Para la **mesa** (fotografía en la página 34/35), utilizar las tablas de madera (25 x 25 cm) como platos, alisando primero un poco los cantos con la lima. Servir las uvas en una antigua teja. Para las etiquetas, recortar la cartulina según el modelo 14, escribir el tipo de vino que contiene la botella y colgarlo de ésta con unos hilos de rafia. Hacer una corona de ramas de vid para la bandeja de quesos y decorarla con un gran lazo de rafia y con hojas de vid. Para la guirnalda de la mesa, unir varias ramas largas de vid y adornarlas con hojas, nueces y flores globo.

- Platos blancos
- Tazas blancas
- Servilletas de tela rojas
- Servilletas de papel "Papá Noel"
- Cartulina blanca
- Estrellas de madera, 6,5 cm Ø, 8 cm Ø
- Fieltro rojo
- Sacos de yute
- Coronitas de boj
- Velas pequeñas rojas
- Brocha pequeña
- Pintura para porcelana
- Lámina transparente
- Cola para porcelana y servilletas
- Rotulador de purpurina
- Cúter

MODELOS 16–18,
páginas 58–59

Día de Papá Noel

Para el plato rojo con el **Papá Noel**, recortar la figura de Papá Noel de la servilleta. Aplicar cola para servilletas y porcelana en el centro del plato y pegar encima la figura de Papá Noel. Dar después otras capas de cola por encima. Pintar el resto del plato con pintura roja y meter el plato en el horno (instrucciones en la página 5).

Para los **platos y tazas de estrellas**, recortar en papel transparente estrellas de diferentes tamaños (modelo 16). Pasar estas plantillas a los platos y a las tazas, y aplicar la pintura para porcelana. Dejar secar la pintura y, después, meterlos en el horno (instrucciones en la página 5).

Dar a las **servilletas** forma de cucurucho y escribir en ellas los nombres con el rotulador de purpurina. Siguiendo el modelo 17, recortar las barbitas en cartulina blanca y pegar los extremos. Ponerlos en las servilletas.

Siguiendo el modelo 18 recortar estrellas de fieltro y pegarlas con cola caliente, junto con estrellas de madera, en los saquitos de **Papá Noel**.

Para el **portavelas**, poner una estrella de madera pintada de rojo encima de la manzana cortada. Poner una velita roja encima, fijándola con una pastilla de cera.

MATERIALES

- Cartón ondulado rojo
- Cartulina blanca
- Fieltro rojo y verde
- Trozos de madera redondos, 2 cm Ø, 2,5 cm Ø, 3 cm Ø
- Cuentas de madera rojas
- Guata de relleno
- Texto autoadhesivo "Invitación"
- Pintura acrílica roja
- Rotulador brillante marrón
- Cola caliente
- Sierra de marquetería
- Tijeras de corte creativo

MODELOS 17, 19, 20, páginas 59–60

Hacer la **tarjeta de invitación** siguiendo el modelo 19, con cartón ondulado y recortar la barba de Papá Noel de cartulina blanca (modelo 17). Pegar los extremos de la barba e introducirlos por la punta de la tarjeta. Recortar una estrella de fieltro verde y pegarla en la tarjeta. Añadir el texto autoadhesivo.

Para el **saquito** que servirá como tarjeta de mesa, confeccionar un saquito de fieltro verde (10 x 15 cm) y decorarlo con una estrella de fieltro rojo (modelo 20). Recortar las tarjetitas de cartulina blanca para los nombres con la tijera de corte creativo, escribirlos y fijarlos en los saquitos.

Para los **pequeños Papá Noel**, serrar la madera haciendo un corte en diagonal a diferentes longitudes según el diámetro (4, 5 y 6 cm), de manera que resulte un cilindro de 2,5 cm de longitud. Pintar los trozos de madera con pintura roja, dejando en la parte de delante, la del corte, un espacio ovalado sin pintar. Pegar con cola caliente una cuenta roja como nariz y la guata de relleno como barba. Pintar los ojos con el rotulador.

SUGERENCIA

Lo más fácil es adquirir las maderitas para los Papá Noel en una carpintería.

- Servilletas de papel "Ángel"
- Servilletas de tela blanca
- Papel "piel de elefante"
- Vaso de agua
- Estrella de Navidad blanca
- Piñas
- Pelo decorativo dorado
- Cuenco ovalado blanco
- Ángel de escayola con alas doradas
- Estrellas doradas
- Cordón dorado
- Estrellitas adhesivas doradas
- Cola para servilletas
- Spray dorado
- Pincel

MODELO 21, *página 59*

Mesa de Navidad

Para la **carta de menú**, confeccionar una tarjeta con un trozo de papel piel de elefante de 20 x 20 cm. Como se ve en la fotografía, plegar 5 cm de cada lado y doblarlos hacia dentro. Preparar el ángel de la servilleta siguiendo la técnica sencilla para servilletas (instrucciones en la página 5) y ponerlo en el centro de la tarjeta, pegándolo en el lado izquierdo. Adornar la tarjeta con cordón dorado y estrellitas adhesivas. Añadir el texto (modelo 21).

Confeccionar una **tarjeta de mesa** con papel piel de elefante de 8 x 10 cm, doblarla por la mitad y decorarla con el mismo motivo del ángel que la carta de menú y un lazo.

Para el **centro de mesa**, poner en el cuenco oval dos piñas grandes pintadas con el spray dorado y una estrella de Navidad blanca y decorarlo todo generosamente con pelo decorativo. Un ángel de escayola completará armoniosamente la decoración.

Para la **vela de mesa**, pintar el vaso con cola para servilletas. Colocar cuidadosamente alrededor del vaso la capa superior de la servilleta y presionar ligeramente. Volver a dar varias capas de cola. Pintar el borde del vaso también con cola y hundirlo en azúcar. Poner una vela dentro del vaso.

Doblar, formando un rectángulo, las **servilletas de papel y la de tela** y poner una encima de otra. Atarlas con un cordón dorado y decorarlas con una estrella.

MATERIALES

- Tela navideña
- Servilletas de papel verde
- Cartulinas verde y roja
- Texto autoadhesivo "Invitación"
- Fieltro rojo
- Vasos tubo (vasos estrechos)
- Bolas de Navidad rojas
- Cordón dorado
- Cinta decorativa roja
- Estrellas doradas
- Arena decorativa dorada
- Cuentas de madera rojas
- Piñas de aliso
- Guirnalda de boj
- Alambre de floristería
- Tijeras de corte creativo

SUGERENCIA

Las coronitas de piñas de aliso se pueden hacer fácilmente ensartando en un alambre una piña de aliso, dando una vuelta al alambre y ensartando a continuación una cuenta roja. Formar la coronita y cerrar.

Una buena tradición

Confeccionar con la tela navideña un **camino de mesa** de acuerdo con la longitud de la mesa.

Para la **tarjeta de invitación** hacer una tarjeta de cartulina verde (instrucciones en la página 5). Recortar un trozo de fieltro rojo de 6,5 x 6,5 cm con las tijeras de corte creativo y pegarlo. Pegar sobre él un trozo algo más pequeño de tela navideña. Fijar en la tarjeta una coronita de boj (ver Sugerencia). Añadir el texto autoadhesivo y el cordón dorado.

Para la **carta de menú**, cortar una cartulina de 21 x 21 cm y doblarla por la mitad. Colocar en el centro de la tarjeta una tira de papel rojo de 6 cm de ancho y, encima, una tira de la tela navideña de 5 cm de ancho. Doblarla hacia dentro y pegarla. Formar una coronita de boj de unos 4-5 cm de diámetro, fijar encima la estrella y clavarla en la tira de tela con una varita de bambú.

Cortar la **tarjeta de mesa** de cartulina verde (10 x 10 cm) y doblarla por la mitad. Pegar encima un trozo de papel rojo de 4 x 7 cm y poner encima la tirita estrecha de tela y una coronita de boj. Decorar con estrellitas.

Desplegar la **servilleta** y doblarla formando un triángulo. Partiendo de la línea central, enrollar la servilleta formando un tubo, después, doblarlo por la mitad y unir los dos extremos doblados con una coronita. Decorar con una bola de Navidad roja.

Decorar una **corona de Adviento**, comprada hecha, con muchos elementos naturales, pelo decorativo, manzanas artificiales y un gran lazo rojo. Las instrucciones para la **vela** de mesa en la página siguiente.

- Vasos de agua o de licor
- Cinta decorativa roja, 1 cm de ancho
- Cinta decorativa blanca y oro, 4 cm de ancho
- Velas flotantes doradas
- Recipiente de vidrio para vela de té
- Velas de té
- Pelo decorativo dorado
- Estrellas doradas
- Piñas pequeñitas de madera
- Manzanas decorativas frescas
- Cuentas
- Musgo, piñas
- Guirnalda de boj
- Espumillón dorado
- Guirnalda de perlas
- Cinta adhesiva de doble cara
- Alambre de floristería

SUGERENCIA

No existen límites a la hora de decorar las velas de mesa. Resulta también muy bonito un vaso grande con un popurrí aromático y una vela aromática dentro.

Para los **portavelas con cinta roja**, fijar la cinta decorativa roja con cinta adhesiva de doble cara en los bordes superior e inferior del vaso. También se puede utilizar pegamento en barra. Adornar los bordes con una guirnalda de boj o con una guirnalda dorada. Llenar el vaso hasta la mitad con agua y poner dentro una vela flotante.

Para los **portavelas con popurrí**, llenar los vasos con diferentes materiales navideños como se muestra en la fotografía. Procurar que la capa superior forme una superficie plana para que la vela de té se pueda mantener bien. Para ello son apropiadas, por ejemplo, rodajas secas de limón o una capa de musgo. Decorar los vasos por fuera con figuritas de madera y cordón dorado.

Para la **vela de té con cuentas rojas**, colocar alrededor del recipiente una cinta decorativa bonita. Añadir en la base una guirnalda de boj. Colocar la vela de té en el interior.

Para la **tarjeta de invitación vela** con un lazo rojo (fotografía en la página 45), decorar la base del vaso con un lazo y estrellitas. Llenar el vaso de arena dorada y colocar una vela estrecha roja.

Estilo oriental

- Mantel de terciopelo de color rojo burdeos
- Tela de organdí naranja
- Servilletas de papel de color naranja y de color rojo burdeos
- Papel de seda naranja
- Cartulina rojo burdeos
- Papel dorado
- Cinta de regalo
- Cordón de papel naranja
- Guirnalda de estrellitas
- Estrellas decorativas con agujero, de color naranja
- Bolitas decorativas
- Mandarinas
- Clavos de olor
- Rodajas de naranja, secas
- Planta verde
- Vaso de agua
- Soporte para velas, con pie
- Velas de té

INSTRUCCIONES DE DOBLADO E, página 63

INSTRUCCIONES, página 50

MATERIALES

- Bolsa de organdí
- Palos de canela
- Rodajas de naranja, secas
- Cordón dorado
- Bolitas de Navidad
- Papel hecho a mano, naranja y rojo burdeos
- Cinta decorativa en rojo burdeos con motivos dorados, 6 cm de ancho
- Vaso de agua
- Alambre dorado
- Vela de té
- Clavos de olor
- Guirnalda dorada

MODELO 22, página 59

Para la **tarjeta de invitación**, confeccionar una tarjeta plegada con bordes al agua de papel naranja (instrucciones en la página 5). Pegar en la parte delantera un tira de papel oscuro de 7 cm de ancho. Poner encima la cinta de regalo y decorar la tarjeta con una rodaja de naranja, el texto (modelo 22) y cordón dorado.

Para la **vela de mesa**, poner cinta de regalo alrededor del vaso, enrollar alambre dorado y fijarlo. Poner en la base del vaso una guirnalda dorada y colocar en el centro del vaso una estrella dorada. Llenar un tercio del vaso con clavos de olor y poner encima una vela de té roja.

Utilizar una bolsa de **tela de organdí** comprada hecha y llenarla de bolitas de Navidad y de clavos de olor. Decorar el cierre con palos de canela, rodajas de naranja y un cordón dorado.

Para la **mesa de estilo oriental** (fotografía en las páginas 48/49) preparar la servilleta siguiendo las instrucciones de doblado F (página 63). Decorarla con una rodaja seca de naranja.
Confeccionar una tarjeta de mesa de color burdeos de 10 x 15 cm. Coser un saquito con la cinta de regalo y llenarlo de clavos de olor. Pegar en el lado izquierdo de la tarjeta una tirita estrecha de papel dorado y poner encima media rodaja de naranja y el saquito de especias.
Para los tiestos de las plantas, cortar el papel de seda de color naranja según el tamaño de los tiestos y doblarlo por la mitad a lo largo, con la abertura hacia abajo. Se ahueca el papel y se coloca alrededor del tiesto sujetándolo con un cordón. Meter el pie del portavelas por el agujero de la estrella y clavarlo en la tierra de las plantas. Poner la vela. Adornar la planta con pelo decorativo.
Para la vela de mesa, llenar un vaso con cinta de regalo, bolas decorativas, clavos de olor y rodajas secas de naranja. Poner la vela encima de todo y decorar el borde del vaso con una guirnalda dorada.

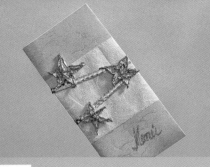

- Camino de mesa transparente
- Cuenco de cristal
- Velas flotantes
- Vasos de agua y copas de champán
- Jarrón de cristal
- Fruta estrella (carambola)
- Estrellitas decorativas
- Bolas decorativas plateadas y de color turquesa
- Servilletas de papel
- Papel de cartas de color azul turquesa, DIN A4
- Papel de seda blanco
- Guirnalda de cuentas
- Corona de paniculata
- Rama de muérdago
- 2 amarilis blancas
- Ramas de abeto
- Trenzado de ramas de vid
- Nieve artificial
- Lazo transparente de color turquesa, 5 mm de ancho
- Cordón de seda
- Rotulador de purpurina plateada
- Spray plateado
- Cola para servilletas

Bufé de Nochevieja

Escribir los nombres en las copas de champán con el rotulador de purpurina y dejarlas secar. Los nombres se pueden volver a quitar. Hundir el borde de los vasos de agua primero en zumo de limón y luego en azúcar glass. Cortar en rodajas la fruta estrella y poner una en el borde de cada vaso.

Llenar el cuenco de cristal de agua, poner las velas flotantes y espolvorear por encima del agua estrellitas y nieve artificial. Rociar una corona de paniculata con el spray plateado, dejar que se seque y adornarla con bolas plateadas y de color turquesa.

Para las vela de mesa, cortar una servilleta al tamaño del vaso y utilizar únicamente la capa superior. Pintar el vaso con cola para servilletas, colocar la servilleta y dar de nuevo otra capa de cola (instrucciones en la página 5). Una vez secos, poner alrededor del vaso una guirnalda de cuentas o de estrellitas.

Para la carta de menú, doblar en tres el pliego de papel turquesa. Poner alrededor una cinta de papel de seda de 10 cm, envolverla con cinta de regalo y pegarla por la parte de atrás. Adornar la carta con rodajas secas de la fruta estrella pintadas con el spray plateado. Escribir la carta de menú con el rotulador de purpurina.

Para el adorno floral, pintar con el spray dorado el muérdago y el trenzado de ramas de vid. Disponer las flores y los elementos decorativos como se muestra en la fotografía.

- Servilletas de tela blancas
- Servilletas de papel verdes
- Fieltro verde
- Cartulina verde
- Tarjetas plegadas blancas
- Lazo rojo, 2 mm de ancho
- Lazo de raso rojo y verde, 5 mm de ancho
- Musgo
- Setas decorativas
- Cuenco ovalado blanco
- Lámina adhesiva de doble cara
- Lacre
- Rotulador brillante
- Troquelador motivo "trébol"

MODELOS 23–27, página 60

INSTRUCCIONES DE DOBLADO C, página 62

SUGERENCIA

Preparar más trébo-
les de fieltro (modelo
27) y repartirlos por
la mesa como decora-
ción.

Comida de Año Nuevo

Para la **tarjeta de invitación**, preparar primero los tréboles: para ello, cubrir la cartulina verde con la lámina adhesiva, retirar
la lámina protectora y pegar fieltro verde. Pasar el dibujo de las
hojas de trébol siguiendo el modelo 23 y cortarlas con precisión.
Pegar el trébol recortado en la tarjeta blanca. Añadir el texto (modelo 24) y un lacito.

Confeccionar la **tarjeta de mesa** con la mitad de una tarjeta plegada. Doblarla por la mitad y pegar un trébol (modelo 25, ver
instrucciones más arriba) en la esquina izquierda, dejando que
sobresalga un poco. Pegar en el centro del trébol una moneda de
1 céntimo. Escribir el nombre con el rotulador brillante.

Para la **carta de menú**, troquelar tréboles en una tira de cartulina verde de 3,5 cm de ancho. Pegar la tira en el centro de una
tarjeta blanca y añadir el texto (modelo 26). Decorarla con un
lazo rojo fijado con lacre en el que imprimiremos una moneda de
1 céntimo.

La **servilleta** se compone de una servilleta de tela blanca y una
servilleta de papel verde. Seguir las instrucciones de doblado C
(página 62).

Llenar el **cuenco ovalado** hasta arriba con musgo, colocar las setas artificiales y adornar el cuenco con un lazo rojo a cada lado.

Menú

Jorge

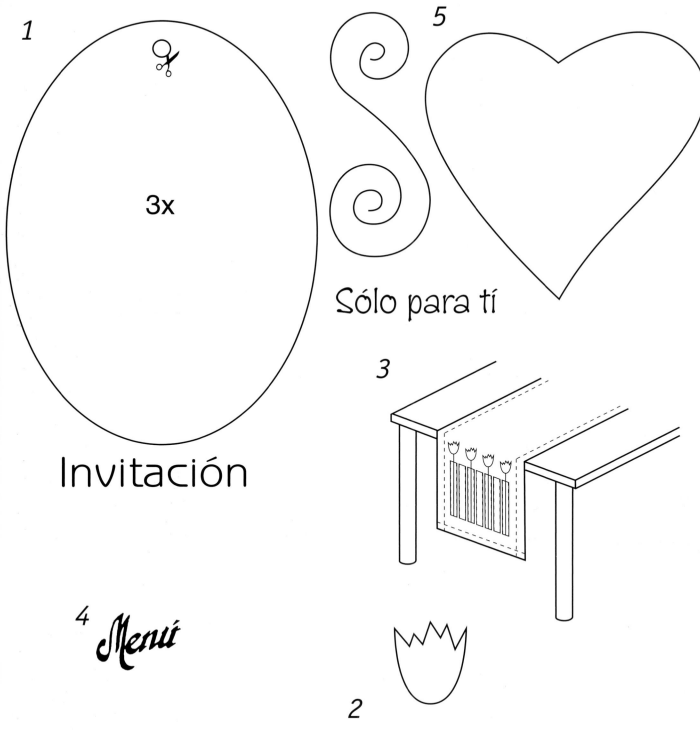

1

3x

Invitación

5

Sólo para tí

3

4 Menú

2

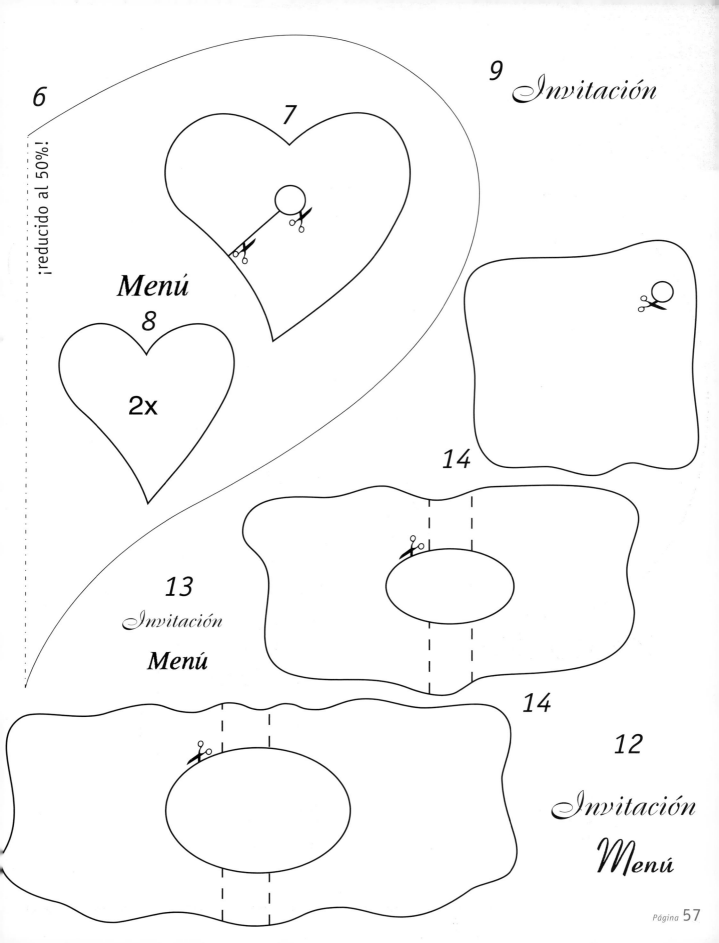

6

¡reducido al 50%!

7

9 *Invitación*

Menú

8

2x

14

13

Invitación

Menú

14

12

Invitación

Menú

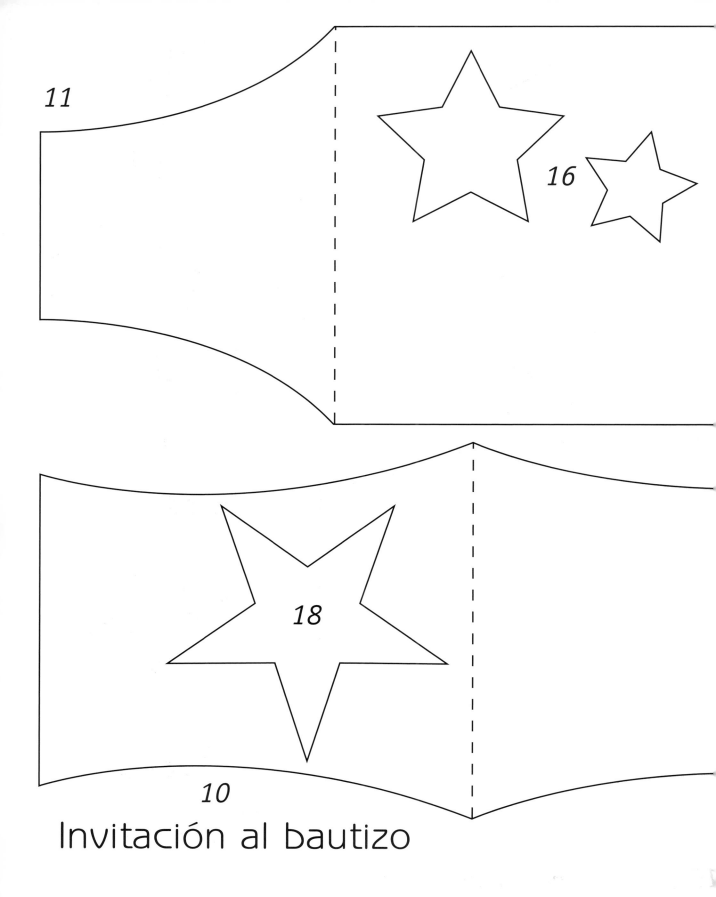

11

16

18

10

Invitación al bautizo

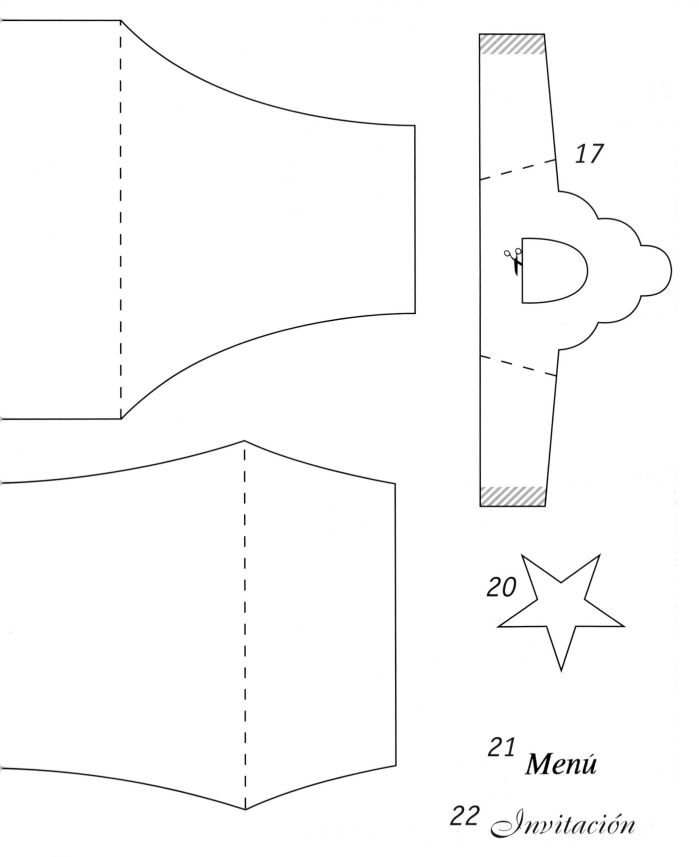

17

20

Menú

22 *Invitación*

15 *Gracias por tu invitación*

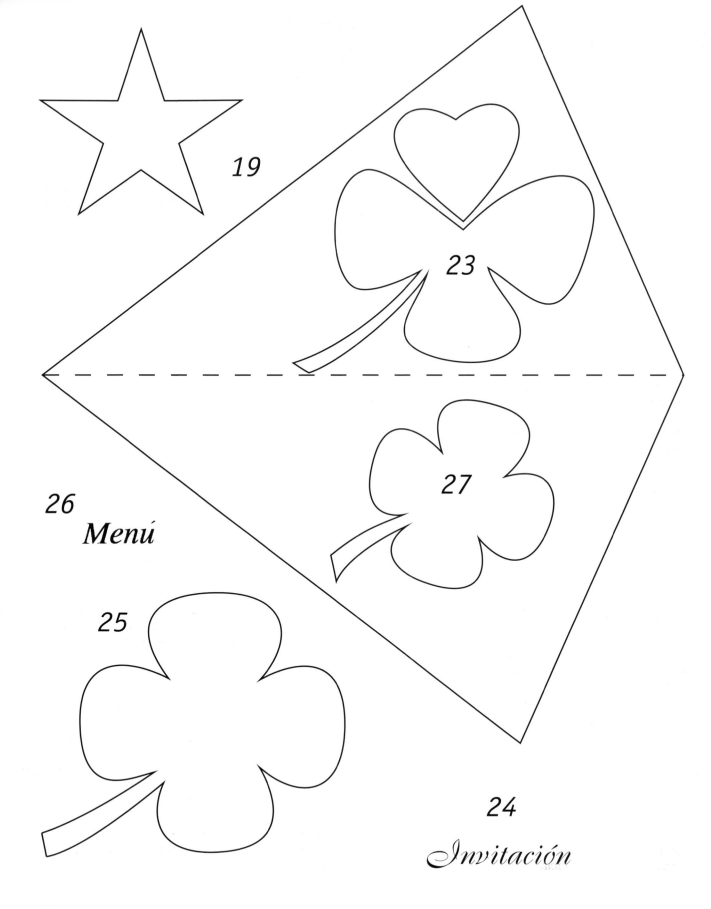

19

23

27

26 Menú

25

24

Invitación

Doblado de servilletas A

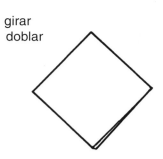 girar
----- doblar

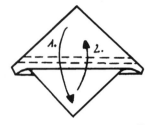

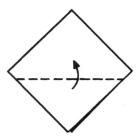

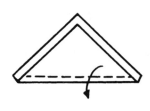

1. Preparar la servilleta como en la ilustración con los extremos abiertos mirando hacia abajo.

2. Doblar el triángulo inferior unos 2 cm por debajo de la línea central, hacia arriba.

3. Doblar el mismo triángulo de nuevo hacia abajo, a lo largo de la línea central.

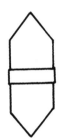

4. Doblar el triángulo de arriba hasta la punta de abajo. Doblar nuevamente el triángulo resultante hacia arriba por la línea central.

5. Poner una encima de la otra las esquinas izquierda y derecha de la servilleta, y dar la vuelta a la servilleta.

Doblado B:

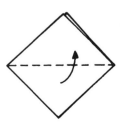

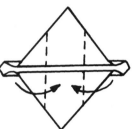 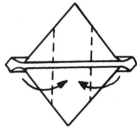

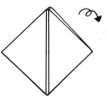

1. Formar un triángulo con una servilleta de tela (48,5 x 48,5 cm) y una servilleta de papel lila (33 x 33 cm). Poner la servilleta de papel en el centro del triángulo de tela.

2. Doblar las puntas derecha e izquierda hacia arriba, hacia el vértice central.

3. Se forma un cuadrado con una punta hacia abajo. Dar la vuelta a la servilleta.

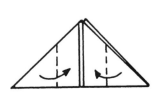

4. La punta cerrada de la servilleta mira hacia abajo. Doblar esta punta de nuevo hacia arriba.

5. Llevar las puntas derecha e izquierda hacia delante e introducir una dentro de la otra.

6. Girar la servilleta, ponerla de pie y abrir un poco las puntas laterales.

Doblado C:

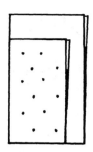
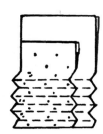
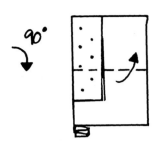

1. Abrir del todo la servilleta rojo oscuro y doblarla por la mitad. Hacer lo mismo con la servilleta rosa que es algo más pequeña. Poner las servilletas en sentido vertical y poner una sobre la otra, de manera que coincidan perfectamente en el extremo inferior izquierdo.

2. Plegar en forma de abanico las dos servilletas, formando pliegues de unos 2 cm hasta llegar un poco más arriba de la mitad. Los pliegues quedan, así, en la parte de abajo.

3. Girar la servilleta 90° en el sentido de las agujas del reloj y doblarla hacia arriba, por encima de la mitad.

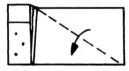
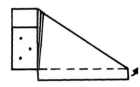

4. Doblar el trozo liso de la servilleta en diagonal hacia delante.

5. Doblar hacia atrás el trozo que sobresale.

6. Girar el abanico hacia delante y abrirlo.

Doblado D:

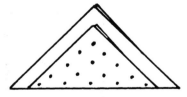
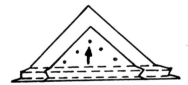

1. Formar un triángulo con la servilleta verde y otro con la servilleta estampada que es más pequeña. Poner una sobre otra haciendo que coincidan en el lado más largo.

2. Comenzando por el lado más largo, doblar la servilleta hacia arriba en acordeón, con dobleces de unos 2 cm.

3. Doblar la servilleta plegada exactamente por la mitad, de manera que se encuentren las dos puntas. Si es necesario, poner un poco de pegamento y desplegarla ligeramente.

4. Unir el extremo inferior con una cinta estrecha y hacer un lazo.

Doblado E:

1. Desdoblar la servilleta y formar un triángulo con ella

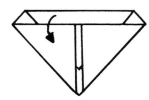

2. Llevar las puntas derecha e izquierda hacia el vértice superior.

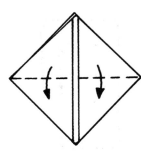

3. Doblar las dos puntas abiertas superiores hacia el vértice inferior.

4. Doblar la punta de arriba un tercio hacia abajo y meterla por debajo del triángulo.

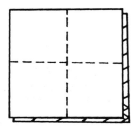

5. Doblar el trozo que queda arriba por encima de la línea central.

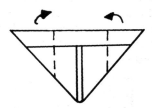

6. Doblar las puntas laterales hacia atrás y meter una dentro de otra.

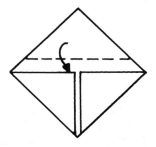

7. Poner la servilleta de pie, doblar hacia abajo los triángulos delanteros y meterlos dentro de la solapa.

Doblado F:

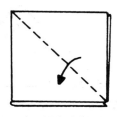

1. Poner, una sobre otra, dos servilletas de diferentes colores. Doblarlas primero por la mitad hacia arriba y, después, formar un cuadrado.

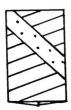

2. Doblar en diagonal hacia abajo la punta de la servilleta de arriba.

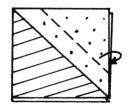

3. Doblar unos 8 cm hacia atrás la punta de la otra servilleta, de manera que quede una franja central de unos 3 cm.

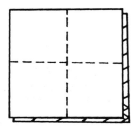

4. Doblar ahora la servilleta por ambos lados unos 4 cm hacia atrás.

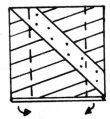

047874335